Encontros com o
Menino Jesus

Pe. FERDINANDO MANCILIO, C.Ss.R.

Encontros com o Menino Jesus

EDITORA
SANTUÁRIO

DIREÇÃO EDITORIAL:
Pe. Fábio Evaristo Resende Silva, C.Ss.R.

REVISÃO:
Luana Galvão

COORDENAÇÃO EDITORIAL:
Ana Lúcia de Castro Leite

DIAGRAMAÇÃO E CAPA:
Bruno Olivoto

COPIDESQUE:
Ana Lúcia de Castro Leite

ISBN 978-85-369-0405-4

1ª impressão

Todos os direitos reservados à **EDITORA SANTUÁRIO** – 2016

Composição, CTcP, impressão e acabamento:
EDITORA SANTUÁRIO - Rua Padre Claro Monteiro, 342
12570-000 - Aparecida-SP - Fone: (12) 3104-2000

Apresentando

Você tem em suas mãos este livro feito com carinho, intitulado: *Encontros com o Menino Jesus.*

Elaboramos este texto pensando nas muitas ocasiões em que podemos rezar esta Novena, tais como Natal, nascimento de uma criança, preparação das crianças para a Primeira Comunhão ou outras ocasiões favoráveis, que poderão acontecer dentro da família ou da Comunidade.

Procuramos enfocar mais a dimensão ORANTE e REFLEXIVA, ajudando catequeticamente as pessoas a compreenderem a ligação do Evangelho com a realidade da vida.

Esta novena pode ser feita de modo comunitário – e, aqui, entenda-se também a família ou um pequeno grupo – ou individual, embora tenha sido prevista para rezar na Comunidade. Por isso a linguagem está no plural. Quando rezamos juntos, somos mais Igreja, mais povo de Deus, pois nos sentimos mais irmãos e irmãs.

Nas últimas páginas há alguns cânticos que poderão ajudar, mas a Comunidade poderá usar os que julgar mais convenientes ou mais fáceis para o povo cantar.

O esquema oracional proposto é o seguinte:

a) Invocação do Espírito Santo
b) Palavra de Deus
c) Proclamação da Palavra

d) Conduzidos pela Palavra (Ele é o Caminho)
e) Contemplar a Vida (Ele é a Vida)
f) Olhar o Horizonte
g) Invocação da Bênção – Abraço da Paz

Traz também duas Antífonas em cada dia e ainda uma sugestão de uma ação caritativa.

O que está em **negrito** foi pensado para facilitar a participação do povo nas respostas.

Rezando em grupo ou na Comunidade, deverá haver um Coordenador (*para coordenar e não fazer tudo*) para distribuir as funções (*o que cada um vai fazer*), sempre facilitando a maior participação possível. É melhor ocorrer algum defeito, mas as pessoas participarem, do que sair tudo muito perfeito, porém sem a participação dos presentes. Ser Igreja é participar, comprometer-se, unir-se como irmãos de verdade.

Esperamos que este livro ajude você a caminhar com alegria e firmeza em sua fé. Foi essencialmente para isso que ele foi composto. Porém, lembre-se: a graça de Deus supõe nossa natureza, ou seja, devemos sempre fazer nossa parte.

Deus abençoe e Nossa Senhora Aparecida guarde você. Assim seja!

1º Dia
O Mistério da encarnação

Cântico *(à escolha)*

INVOCAÇÃO DO ESPÍRITO SANTO

– Na alegria da fé e da certeza da misericórdia divina para conosco, iniciemos com fervor esta novena ao Divino Amor que é Jesus.

– Em nome do Pai † e do Filho e do Espírito Santo. Amém!

– Iluminai-nos, Senhor, nosso Deus, com vossa luz divina que nos guia.

– Vinde Espírito Santo, Deus-Amor!

– Vinde, Espírito de Deus, e não nos deixeis desviar do caminho da vida.

– Dai-nos a graça de viver em comunhão de irmãos, na fraternidade!

– Fecundai nossa vida com vossa santidade e fazei-nos alcançar a graça divina, o perdão e a salvação.

– E seja nossa vida verdadeiro dom de vosso amor! Amém!

– Glória seja ao Pai,

– ao Filho e ao Amor também,

– que é um só Deus em Pessoas três,

– agora e sempre, e sem-fim. Amém!

Antífona: Felizes são os que buscam o Senhor, pois encontrarão a paz e a alegria da vida!

PALAVRA DE DEUS – Ele é a Verdade

– O Menino Deus é a Palavra viva do Pai encarnada no meio de nossa pobre humanidade. Como pode um Deus voltar-se para nós, pobres humanos? Só um Deus que ama volta-se inteiramente para suas criaturas. O que agora ouviremos, guardemos no coração, pois nada há de mais belo do que essa verdade que vamos ouvir.

Cântico *(Acolhendo a Palavra)*

PROCLAMAÇÃO DA PALAVRA *(Lc 1,26-38)*

– [26]No sexto mês, o anjo Gabriel foi enviado por Deus a uma cidade da Galileia, chamada Nazaré, [27]a uma virgem, noiva de um homem, de nome José, da casa de Davi; a virgem chamava-se Maria. [28]Entrando onde ela estava, disse-lhe o anjo:

– **"Alegra-te, ó cheia de graça, o Senhor é contigo".**

– [29]Ao ouvir tais palavras, Maria ficou confusa e começou a pensar o que significaria aquela saudação. [30]Disse-lhe o anjo:

– **"Não tenhas medo, Maria, porque Deus se mostra bondoso para contigo. [31]Conceberás em teu seio e darás à luz um filho e lhe porás o nome de Jesus.**

– [32]Ele será grande e será chamado Filho do Altíssimo. O Senhor Deus lhe dará o trono de Davi, seu pai, [33]e ele reinará para sempre na casa de Jacó. E seu reino não terá fim". ³⁴Maria, porém, perguntou ao anjo: "Como será isto, se eu não vivo com um homem?" ³⁵Respondeu-lhe o anjo:

– **"O Espírito Santo descerá sobre ti e a força do Altíssimo te cobrirá com sua sombra. Por isso, o Santo que vai nascer será chamado Filho de Deus. ³⁶Isabel, tua parenta, também ela concebeu um filho em sua velhice e está no sexto mês aquela que era chamada estéril, ³⁷porque nada é impossível para Deus".**

– ³⁸Disse então Maria: "Eis aqui a serva do Senhor, faça-se em mim segundo tua palavra". E o anjo retirou-se de sua presença.

– Palavra da Salvação.

– **Glória a vós, Senhor.**

CONDUZIDOS PELA PALAVRA – Ele é o Caminho

Deus age com extrema simplicidade. Seu amor é extremamente simples e ao mesmo tempo intensamente presente. A surpresa em Nazaré, quando Maria recebe a sublime notícia de que é a escolhida do Pai, mostra-nos o jeito de Deus agir entre nós. Sua voz ressoou não nos palácios ou nos grandes centros, mas num casebre e num coração humilde, simples e acolhedor: o coração de Maria.

Seremos adultos na fé, quando formos simples no amor e em nossas decisões. Só quando tivermos a coragem do amor, seremos, de fato, pessoas livres. Quem não tiver a coragem e a ousadia de abraçar a vida, em sua totalidade, ficará na mediocridade. Maria nos ensina a apostar na verdade do amor e na confiança, sem reservas no Deus da Vida.

CONTEMPLAR A VIDA – Ele é a Vida

Certo dia aquela senhora humilde, moradora de uma favela, depois de descer do trem de subúrbio, subiu apressada o morro da favela, pois a hora já ia apertada, e simplesmente entrou em seu barraco, deixou ali sua bolsa e continuou até à Capela, ainda mais no alto do morro. Gesto corriqueiro, que pode até nos passar despercebido. Quem pode, depois de um dia inteiro de trabalho, ainda arranjar tempo para se entregar aos serviços da Comunidade? Os simples fazem isso; os "grandes" têm muitos afazeres, por isso Deus fica para depois. Aquela senhora humilde e trabalhadora, outro gesto não teve, senão o igual ao de Maria: Estar sempre disponível ao chamado de Deus!

Antífona: São benditos os simples e os humildes, que a exemplo de Maria acolhem o que vem de Deus!

OLHAR O HORIZONTE

Não tenha medo nem reserva de olhar para sua vida e ver como são suas atitudes diante de Deus e diante de sua família e de sua Comunidade. Só quem é capaz de avaliar a si mesmo pode dar passos significativos no amor a Deus, aos irmãos e a si mesmo.

INVOCAÇÃO DA BÊNÇÃO – ABRAÇO DA PAZ

– Terminado nosso encontro, colocamo-nos a caminho. O que hoje meditamos fortalece nossa fé: O dia em que Maria recebeu a notícia de que foi a escolhida de Deus! Caminhemos com Maria e nos aproximemos de Jesus, o Filho de Deus encarnado entre nós. Rezemos:

– **Pai nosso...**
– **Ave, Maria, cheia de graça...**
– O Senhor derrame sobre nós sua paz.
– **Amém!**
– Fortaleça nossa fé e nossa esperança.
– **Amém!**
– Abra nosso coração para acolher Jesus.
– **Amém!**
– Derrame sobre nós sua bênção.

– **Em nome do Pai † e do Filho e do Espírito Santo. Amém!**

– O Senhor nos tome na palma de suas mãos e nos conduza pelos caminhos da vida. O Senhor nos ampare nas dificuldades e nos momentos mais difíceis. O Senhor seja nossa força e nossa luz. Continuemos unidos e vamos em paz, com Deus e com Nossa Senhora.

– **Graças a Deus!**

Gesto de Caridade: *Procure nestes dias ajudar alguém, oferecendo uma palavra de conforto ou uma presença consoladora, ou ainda ajudando com algum bem material.*

Cântico *(à escolha)*

2º Dia
A visita a Isabel

Cântico *(à escolha)*

INVOCAÇÃO DO ESPÍRITO SANTO

– O Senhor, nosso Deus, visitou-nos e fez conosco a Aliança de amor, por meio de seu Filho Jesus Cristo. Clamemos, pois, à Santíssima Trindade, dizendo:

– **Em nome do Pai † e do Filho e do Espírito Santo. Amém!**

– Derramai sobre nós, Senhor, a água viva de vossa graça divina.

– **E fazei-nos viver nosso batismo com alegria!**

– Iluminai-nos com a luz de vosso Espírito Santo e não nos deixeis desviar do caminho de vosso Reino.

– **Fortalecei-nos na fraternidade, na vida de comunhão e na paz!**

– Guiai nossa vida no caminho de vossa Aliança, que fizestes com nossa humanidade, em Jesus, vosso Filho.

– **Só em vós temos a vida, a paz e a salvação! Amém!**

– Glória ao Pai, ao Filho e ao Espírito Santo.

– **Agora e para sempre, e pelos séculos sem-fim. Amém!**

Antífona: Caminhemos no Senhor, que deposita em nós seu amor e nos dá a vida em Jesus, o Filho Salvador!

PALAVRA DE DEUS – Ele é a Verdade

– Ouvimos tantas palavras em cada dia. Há as que nos edificam, animam-nos e nos fazem enxergar mais longe. Outras, porém, não nos ajudam em nada. Mas há uma palavra que jamais podemos deixar de ouvir: a Palavra do Senhor. Isabel soube reconhecer a grandeza da presença de Maria, pois ela sabia que o Filho de Deus era gerado em seu seio. A presença do Senhor encheu-a de alegria. A Palavra que ouvimos nos enche de alegria?

Cântico *(acolhendo a Palavra)*

PROCLAMAÇÃO DA PALAVRA *(Lc 1,39-45)*

– [39]Naqueles dias, Maria partiu em viagem, indo às pressas para a região montanhosa, para uma cidade da Judeia. [40]Entrou na casa de Zacarias e cumprimentou Isabel. [41]Logo que Isabel ouviu a saudação de Maria, o menino saltou em seu seio, e Isabel ficou cheia do Espírito Santo [42]e exclamou em alta voz:

– "Tu és bendita entre as mulheres e bendito é o fruto de teu ventre! [43]E como me é dado que venha a mim a mãe de meu Senhor?

[44]Pois assim que chegou a meus ouvidos a voz de tua saudação, o menino saltou de alegria em meu seio.

– [45]Bem-aventurada aquela que acreditou que se cumpriria o que lhe foi dito da parte do Senhor!"

– Palavra da Salvação.

– Glória a vós, Senhor.

CONDUZIDOS PELA PALAVRA – Ele é o Caminho

Maria foi visitar Isabel. O evangelista Lucas diz que ela foi *apressadamente*. Quem se põe no caminho do amor tem pressa de chegar para poder servir. O amor tem pressa de amar. Foi o que Maria fez, e Isabel reconheceu o quanto o Senhor havia se lembrado dos pobres. A História da Salvação foi construída por pessoas simples – e Deus as chamou, pois sabia que os simples são generosos em suas respostas. Aproximando-nos do Menino Deus, nosso coração precisa também ser tocado por sua verdade e simplicidade. Não há liberdade maior do que a de quem se põe a servir e se deixa interpelar pela necessidade do pobre e do humilde.

CONTEMPLAR A ESPERANÇA – Ele é a Vida

Uma criança queria conversar com seu pai, mas ele, muito atarefado no trabalho, preocupado de dar o melhor que pudesse para os filhos, sempre lhe dizia: "Amanhã conversaremos", mas isso nunca acontecia. Certo dia o menino perguntou-lhe: "Papai, quanto o senhor ganha por hora de trabalho?" E o pai lhe falou: "R$ 8,00". Passaram-se uns dias, o menino foi juntando seu dinheirinho pouco a pouco e, quando juntou o correspondente a uma hora de trabalho de seu pai, disse: "Papai, o senhor pode me vender uma hora de seu tempo?" Será que também não pensamos que o conforto e o bem-estar valem mais do que o amor que pode ser oferecido com generosidade? Certo é que o amor constrói a vida, e a busca de bens gerou guerras e divisões nos povos e famílias. A visita de amor é que edifica.

Antífona: Felizes são os que procuram servir ao Senhor de todo o seu coração, sem fingimento ou busca de distinção!

OLHAR O HORIZONTE
Seja você quem for, examine-se para ver como anda sua atitude de acolhimento do outro: na família, na convivência humana, como papai ou mamãe, como irmãos... Lutar pelas necessidades básicas da vida sim, mas esquecer-se do amor jamais!

INVOCAÇÃO DA BÊNÇÃO – ABRAÇO DA PAZ
– Senhor Deus, como é belo contemplar e sentir vosso amor. Hoje, vimos como é transformador vosso amor, pois em Isabel causou tanta alegria, a ponto de transbordar. Maria, contemplando o Menino Deus, tocai em nosso coração com a singeleza de vossa bondade e humildade. Rezemos:

– **Pai nosso...**
– **Ave, Maria, cheia de graça...**
– O Senhor derrame sobre nós sua paz.
– **Amém!**
– Fortaleça nossa fé e nossa esperança.
– **Amém!**
– Abra nosso coração para acolher Jesus.
– **Amém!**
– Derrame sobre nós sua bênção.
– **Em nome do Pai † e do Filho e do Espírito Santo. Amém!**

– O Senhor nos tome em suas mãos divinas e nos conduza no caminho da paz. O Senhor nos ampare em seu amor e nos faça fortes na esperança. O Senhor seja nossa luz e nos guie no meio da adversidade da vida. Vamos em paz.

– **Graças a Deus!**

Gesto de Caridade: *Nesses dias procure visitar alguma pessoa que talvez faça muito tempo que não a visite, ou que seja doente ou triste. Dê uma boa olhada em sua volta, pois descobrirá muitas necessidades. Estenda sua mão para ajudar.*

Cântico *(à escolha)*

3º Dia
O nascimento em Belém

Cântico *(à escolha)*

INVOCAÇÃO DO ESPÍRITO SANTO

– Caminhamos na esperança, na força do amor divino e na certeza de sua misericórdia que salva e liberta. Cristo veio para o meio de nós. Encarnou-se em nossa vida. Clamemos a Trindade Santa.

– Em nome do Pai † e do Filho e do Espírito Santo. Amém!

– Vinde, Senhor, com vossa luz, e dissipai as trevas de nosso coração.

– Vinde, Espírito Santo, e santificai-nos!

– Renovai-nos na força de vossa bondade e conservai-nos no caminho de vosso Reino.

– Fortalecei nossa vida e nossos sentimentos de gratidão e de caridade!

– Vós, que não olhais o privilégio social, mas a disposição do coração,

– fecundai de liberdade e de dignidade a vida dos mais abandonados! Amém!

– Glória seja ao Pai, ao Filho seu também,

– e ao Espírito igualmente, agora e sempre. Amém!

Antífona: Felizes os que contemplam o presépio e compreendem a imensidão do amor eterno nascido entre nós!

PALAVRA DE DEUS – Ele é a Verdade

– É bela a noite em que contemplamos o Menino Deus nascido em Belém. É belo o dia de seu Natal, pois Ele é a luz eterna que brilhou na escuridão e dissipou toda treva. Os sinos, que ainda repicam em muitos lugares, fazem ressoar a grande notícia, jubilosa para o mundo inteiro: Hoje, nasceu o Príncipe da Paz, o Senhor do universo, a salvação que veio, e podemos alcançá-lo e tocá-lo com nossas próprias mãos. Será que haverá dia mais feliz para nossa humanidade? Fomos amados eternamente por um Deus que se fez criança entre nós!

Cântico *(acolhendo a Palavra)*

PROCLAMAÇÃO DA PALAVRA *(Lc 2,4-16)*

– ⁴José subiu de Nazaré, na Galileia, para a cidade de Davi, chamada Belém, na Judeia, porque era da casa e da família de Davi, ⁵a fim de alistar-se juntamente com Maria, sua esposa, que estava grávida. ⁶Enquanto estavam lá, completaram-se os dias da gestação.

– **⁷E Maria deu à luz seu filho primogênito; envolveu-o em faixas e o deitou num presépio, porque não havia lugar para eles na hospedaria.**

– ⁸Havia na mesma região pastores que estavam nos campos e guardavam seu rebanho no decorrer da noite.

⁹Apresentou-se junto deles um anjo do Senhor, e a glória do Senhor os envolveu de luz; ficaram com muito medo, ¹⁰mas o anjo lhes disse:

– "Não tenhais medo, pois vos anuncio uma grande alegria, que será para todo o povo: ¹¹Hoje, na cidade de Davi, nasceu para vós um Salvador, que é o Cristo Senhor. ¹²Isto vos servirá de sinal: encontrareis um menino envolto em faixas e deitado num presépio".

– ¹³No mesmo instante, juntou-se ao anjo grande multidão do exército celeste, louvando a Deus e dizendo:

– ¹⁴"Glória a Deus nas alturas e paz na terra aos homens por ele amados".

– ¹⁵Quando os anjos os deixaram, voltando para o céu, os pastores disseram entre si:

– "Vamos até Belém, para ver o que aconteceu e que o Senhor nos deu a conhecer".

– ¹⁶Os pastores foram depressa e encontraram Maria, José e o menino deitado no presépio.

– Palavra da Salvação.

– Glória a vós, Senhor.

CONDUZIDOS PELA PALAVRA – Ele é o Caminho

Belém, lugar do encanto, mas também da decisão. Diante do Menino Deus, temos de tomar posição: a favor ou contra Ele! Diante do convite dele para seu seguimento, ou se põe ao lado, ou dele se distancia. Os Pastores, presença dos pobres, foram depressa e com Ele se encontraram e permaneceram. É interessante notar que na Liturgia, ainda no clima da alegria do nascimento do Senhor, celebramos o martírio de Estevão e dos indefesos Inocentes. A brancura da festa se reveste de vermelho do sangue. É a hora da decisão: estar com Ele ou contra Ele. Ainda é possível celebrar o Natal, porque o próprio Deus continua apostando em seu amor e o confiando a nós. Mas sejamos um pouco mais apressados no amor, como somos apressados em tantas outras coisas do mundo.

CONTEMPLAR A ESPERANÇA – Ele é a Vida

Hoje, eu e você nos sentamos à mesa e tomamos o alimento. Graças a Deus, ele é bênção. Mas, talvez, reclamamos que alguma coisa não estava bem, não estava conforme nosso desejo ou interesse. Será que nos lembramos de que, enquanto comíamos, por volta de doze milhões de irmãos e irmãs nossos estavam com fome e nada comeriam nesse dia? Natal é solidariedade; alegrar-se sim, mas esquecer-se do irmão necessitado é recusar o presépio, pois o projeto do Menino Deus é para a vida, para a fraternidade, para a justiça. Sem partilha não há paz. O mistério da encarnação do Verbo tem tudo a ver com a realidade em que vivemos: Se há irmãos com fome temos de repartir o pão, se há sede temos de dar de beber... Quem agora oferece, um dia, receberá em troca. O que queremos oferecer aos irmãos?

Antífona: Bem-aventurados são os que partilham a vida e os dons, o trigo e o pão, a mesa e o coração!

OLHAR O HORIZONTE

Não tenha medo de reconhecer suas limitações. Também aprenda a olhar com alegria para os dons que Deus lhe concedeu. Tenha a coragem de enfrentar as dificuldades, e a alegria de agradecer os dons concedidos por Deus a você. Contemple o presépio e descubra o quanto você pode caminhar!

INVOCAÇÃO DA BÊNÇÃO – ABRAÇO DA PAZ

– Aproximamo-nos do presépio. Ali está uma criança inofensiva. O amor eterno do Pai se fez criança, para que toda a humanidade dele se aproximasse. Quanta beleza há a nossa volta: as pessoas, as atitudes construtoras da vida, a criação divina. O Senhor não tem medo de nos mostrar seu amor. Por isso, rezemos:

– **Pai nosso...**
– **Ave, Maria, cheia de graça...**
– O Senhor derrame sobre nós sua paz.
– **Amém!**
– Fortaleça nossa fé e nossa esperança.
– **Amém!**
– Abra nosso coração para acolher Jesus.
– **Amém!**
– Derrame sobre nós sua bênção.
– **Em nome do Pai † e do Filho e do Espírito Santo. Amém!**
– O Senhor confia em nós e conta conosco. Ele nos toma na palma de suas mãos e nos guia. Sejamos seus colaboradores, vivendo a fé, defendendo a vida, promovendo a justiça. Vamos em paz.
– **Graças a Deus!**

Gesto de Caridade: *Procure unir-se a outras pessoas para ajudar alguém que está precisando de algum apoio, de algum bem que o motive a olhar para a vida com mais esperança.*

Cântico *(à escolha)*

4º Dia
A apresentação no templo

Cântico *(à escolha)*

INVOCAÇÃO DO ESPÍRITO SANTO

– Como é bom estarmos juntos e ouvir a voz do Senhor, que nos chama para junto dele. Invoquemos o Nome santo do Senhor, Trindade divina, comunhão eterna de amor.

– Em nome do Pai † e do Filho e do Espírito Santo. Amém!

– Ouvindo vossa voz que nos chama, queremos seguir-vos, Senhor, com alegria e devoção.

– Fazei-nos caminhar, no caminho da paz e da vida!

– Vossa voz ressoa por toda a terra, como ressoou no coração de Simeão, que vos rendeu graças por ter visto vossa salvação. É feliz quem escuta vossa voz e a guarda em seu coração, como Maria, que vós escolhestes para ser a Mãe de vosso Filho Jesus.

– Com Maria, caminhamos na estrada da salvação, que é Jesus!

– Confirmai-nos no amor de vosso Santo Espírito que nos conduz, que nos ilumina, guia-nos e nos santifica.

– Tornai fecunda nossa vida, nossos gestos, atitudes e palavras! Amém!

– Demos glória a Deus Pai onipotente
– e a seu Filho, Jesus Cristo, Senhor nosso,
– e ao Espírito que habita em nosso peito
– pelos séculos dos séculos. Amém!

Antífona: São benditos os que escutam a voz do Senhor e se alegram no Senhor, como se alegrou Simeão, com o Menino Deus em seus braços!

PALAVRA DE DEUS – Ele é a Verdade

– O Menino Deus foi apresentado no Templo. Simeão compreendeu que em seus braços estava a realização da promessa do Pai. Deu graças ao Deus da Vida por ter visto e sentido bem de perto a salvação esperada. São felizes os que fazem de sua vida um templo santo, no qual Deus vem morar. O Senhor se apresenta a nós, porque quer nosso bem e quer nos salvar. São felizes os que reconhecem como Simeão que a salvação está ao alcance de nossas mãos.

Cântico *(acolhendo a Palavra)*

PROCLAMAÇÃO DA PALAVRA *(Lc 2,25-35)*

– ²⁵Havia em Jerusalém um homem chamado Simeão. Era justo e piedoso; esperava a consolação de Israel e o Espírito Santo estava nele.

– ²⁶Fora-lhe revelado pelo Espírito Santo que não morreria antes de ver o Messias do Senhor.

– ²⁷Movido pelo Espírito, dirigiu-se ao templo e, quando os pais levaram o menino Jesus para cumprirem as prescrições da lei a seu respeito, ²⁸ele o tomou nos braços e louvou a Deus, dizendo:

– ²⁹"**Agora, Senhor, podeis deixar ir em paz vosso servo, conforme vossa palavra, ³⁰porque meus olhos viram vossa salvação, ³¹que preparastes diante de todos os povos, ³²luz para iluminar as nações e glória de Israel, vosso povo".**

– ³³Seu pai e sua mãe estavam maravilhados com as coisas que dele se diziam. ³⁴Simeão os abençoou e disse a Maria, sua mãe:

– "Este menino vai causar a queda e a elevação de muitos em Israel; ele será um sinal de contradição;

– ³⁵a ti própria, uma espada te traspassará a alma, para que se revelem os pensamentos de muitos corações".

– Palavra da Salvação.

– Glória a vós, Senhor.

CONDUZIDOS PELA PALAVRA – Ele é o Caminho

"O mistério da encarnação e o mistério do mal estão intimamente unidos." A alegria do Menino e das figuras luminosas que se ajoelham em torno da manjedoura, das crianças inocentes, dos pastores esperançosos, dos reis humildes, dos mártires, dos discípulos, dos homens de boa vontade que seguem o chamado do Senhor, essa alegria, enfim, caminha de mãos dadas com a constatação de que nem todos os homens são de boa vontade; de que a paz não alcança "os filhos das trevas"; de que, para esses, o Príncipe da Paz "traz a espada"; de que, para esses, Ele é a "pedra de tropeço" que os derruba. Aquele Menino divide e separa, porque, enquanto o contemplamos, Ele nos impõe uma escolha: "Segue-me". Ele a impõe a nós também, hoje, e nos coloca diante da decisão entre a luz e a escuridão. As mãos do Menino "dão e exigem ao mesmo tempo" (*Santa Teresa Benedita da Cruz – Edith Stein*).

CONTEMPLAR A ESPERANÇA – Ele é a Vida

Simeão é sinal vivo de quem espera no Senhor, por isso se alegra no Salvador que tomou em seus próprios braços: "Agora, Senhor, podeis deixar ir em paz vosso servo, conforme vossa palavra, porque meus olhos viram vossa salvação, que preparastes diante de todos os povos". Deus não quer a falta de vida e de dignidade. Quando os moradores de uma favela lutam para conseguir o direito de ali ficar e pelo direito constitucional de ter água e luz, podem cantar a vitória de sua união, pois o poder constituído, sem poder remover o povo, não pode dizer não. Os grandes tiveram de ceder aos "pequenos". Devolver a dignidade a quem foi cerceado em seu direito é tomar o Menino Deus em seus braços, como Simeão, e ao Pai bendizer de todo o coração. Alegrar-se no Senhor é poder devolver a vida ao irmão.

Antífona: Bem-aventurados os que promovem a vida, a justiça e a paz, pois serão verdadeiros filhos e filhas de Deus e nunca serão esquecidos!

OLHAR O HORIZONTE

Seria tão bom se você reservasse certo tempo para meditar: "Que modelo de Igreja eu quero viver? A Igreja do triunfo, do fantástico e cheia de vedetismo ou a Igreja servidora, dos pobres e dos humildes?" Certamente, temos de fazer nossa opção, mas será bom perguntar qual está verdadeiramente de acordo com o Evangelho de Jesus.

INVOCAÇÃO DA BÊNÇÃO – ABRAÇO DA PAZ

– O Senhor sustenta no amor cada criatura criada no mesmo amor. É Ele o Senhor da vida e da morte, do céu e da terra. Feliz quem nele espera e deposita sua confiança. Nada poderá temer, e somente esperar em sua verdade e misericórdia, como esperou Simeão. Rezemos confiantes e com gratidão:

– Pai nosso...
– Ave, Maria, cheia de graça...
– O Senhor derrame sobre nós sua paz.
– Amém!
– Fortaleça nossa fé e nossa esperança.
– Amém!
– Abra nosso coração para acolher Jesus.
– Amém!
– Derrame sobre nós sua bênção.
– Em nome do Pai † e do Filho e do Espírito Santo. Amém!
– O Senhor tome você na palma de sua mão e o proteja de todos os perigos. O Senhor coloque suas mãos divinas sobre sua cabeça e o ilumine. O Senhor toque em seu coração para que o ame ainda mais. Vamos em paz.
– Graças a Deus!

Gesto de Caridade: *Reserve um tempinho, quando lhe for mais conveniente, para ficar num lugar silencioso e poder comparar o trecho do Evangelho de hoje com sua vida, sua Comunidade. Deixe o Senhor falar bem perto de seu coração.*

Cântico *(à escolha)*

5º Dia
A perda e o encontro no templo

Cântico *(à escolha)*

INVOCAÇÃO DO ESPÍRITO SANTO

– O Deus de misericórdia, que nos manifestou seu amor em seu Filho Jesus Cristo, dê-nos a graça de sua paz. Invoquemos a Santíssima Trindade, comunhão eterna de vida, de amor e de misericórdia.

– Em nome do Pai † e do Filho e do Espírito Santo. Amém!

– Confirmai-nos, Senhor, em vosso amor e guiai-nos em vosso caminho de salvação.

– Derramai sobre nós a luz de vosso Espírito Santo!

– Iluminai vosso povo com vossa luz divina e tornai fecunda nossa vida em vosso amor.

– Fazei frutificar em bondade e paz nossas atitudes cristãs!

– Abri nosso coração e nossos lábios para que brotem em nossa vida o verdadeiro louvor e a gratidão.

– Bendito seja o Senhor, que vive e reina eternamente! Amém!

– Demos glória a Deus Pai onipotente

– e a seu Filho, Jesus Cristo, Senhor nosso,

– e ao Espírito que habita em nosso peito

– pelos séculos dos séculos. Amém!

Antífona: Felizes os que têm coração sincero e buscam o Senhor, pois o encontrarão e terão a paz e a eternidade!

PALAVRA DE DEUS – Ele é a Verdade

— O Menino Deus foi encontrado no Templo por Maria e José. Eles haviam subido de Nazaré a Jerusalém para a festa da Páscoa. Quando voltavam, perceberam que Jesus não estava na caravana. Saíram à sua procura e o encontraram no Templo entre os doutores da Lei, discutindo com eles. Será que o Evangelho quer nos mostrar um fato? O Evangelho quer nos mostrar além do fato. Ele aponta Jesus como a nova e verdadeira Páscoa. O Filho de Deus está para além do que ensinam os doutores e sábios da Lei, que não compreenderam ou não quiseram compreender o ensinamento de Jesus.

Cântico *(acolhendo a Palavra)*

PROCLAMAÇÃO DA PALAVRA *(Lc 2,41-47)*

— ⁴¹Os pais de Jesus iam todos os anos a Jerusalém para a festa da Páscoa.

— **⁴²Quando ele tinha doze anos, subiram para lá, como era costume na festa.**

— ⁴³Passados os dias da festa, quando estavam voltando, ficou em Jerusalém o menino Jesus, sem que seus pais o notassem. ⁴⁴Pensando que ele estivesse na comitiva, fizeram o percurso de um dia inteiro.

— **Depois o procuraram entre os parentes e conhecidos, ⁴⁵e, não o encontrando, voltaram a Jerusalém à sua procura.**

– ⁴⁶Depois de três dias o encontraram no templo, sentado no meio dos doutores, ouvindo-os e interrogando-os. ⁴⁷Todos os que o ouviam estavam maravilhados com sua sabedoria e com suas respostas.

– Palavra da Salvação.
– **Glória a vós, Senhor.**

CONDUZIDOS PELA PALAVRA – Ele é o Caminho

O gesto de José e Maria de procurar o Menino Deus é o gesto das pessoas que desejam ir sinceramente ao encontro do Senhor. A resposta de Jesus para Maria e José vem nos lembrar do quanto devemos estar atentos para as coisas de Deus. Ele está presente entre nós e nos manifesta seu amor, sua misericórdia, nos fatos e acontecimentos. Só o olhar atento da fé será capaz de compreendê-los. Maria e José fazem já a experiência da perda, e perder está tão presente em nossa vida! Jesus volta com seus pais para Nazaré, lembrando-nos de que devemos ser obedientes sempre à vontade de Deus. E a vontade divina manifesta-se a nós por meio das pessoas.

CONTEMPLAR A ESPERANÇA – Ele é a Vida

Quando eu andava por uma rua movimentada da capital paulista, vi um senhor puxando uma mala de rodinhas e ouvi um menino dizer: "Ei tio, ainda bem que assim não fica tão pesada". Disse isso com um sorriso e o homem continuou adiante sem nada dizer. Ele é um menino de rua, de uns onze ou doze anos. Perguntei-me:

"Como pode um menino desses ter uma relação sorridente com os outros?" E conclui que somos carrancudos demais. Olhamos para nós mesmos; permitimos a exclusão e não nos relacionamos com o que está diante de nossos olhos. O menino, mesmo excluído, ainda vive com um sorriso nos lábios. E ao conversar com ele, disse-me: "A vida na rua é muito dura, a polícia bate na gente, e dos outros levamos bronca, pontapés..." Reclamava o amor urgente. Sem lar, sem calor humano. Como podem assim viver?

Antífona: São benditos todos os que procuram fazer o que lhes diz o Senhor: Escutam os humildes e se põem ao lado dos fracos e oprimidos!

OLHAR O HORIZONTE
Certamente, Deus está esperando algo de nós que ainda não o fizemos. A Palavra que estava em Deus, e que é Jesus, dirige-se hoje a nós como interpelação da vida e da realização de algo que não foi ainda realizado. O que eu, você e a Comunidade vamos fazer?

INVOCAÇÃO DA BÊNÇÃO – ABRAÇO DA PAZ
– Quão formosa é a vida dos que procuram o Senhor com sinceridade de coração. Terão suas dificuldades, mas o encontrarão, pois o Senhor se deixa encontrar, como Maria e José encontraram o Menino Deus no Templo de Jerusalém. Rezemos:

– Pai Nosso...
– Ave, Maria, cheia de graça...
– O Senhor derrame sobre nós sua paz.
– Amém!
– Fortaleça nossa fé e nossa esperança.
– Amém!
– Abra nosso coração para acolher Jesus.
– Amém!
– Derrame sobre nós sua bênção.
– Em nome do Pai † e do Filho e do Espírito Santo. Amém!
– O Senhor proteja e guarde você. Venha a seu encontro, tome-o em suas mãos e o conduza no caminho da paz. Venha do céu uma chuva de graças e de bênçãos sobre você e sua família. Vamos em paz.
– Graças a Deus!

Gesto de Caridade: *Olhe bem a sua volta, para seus vizinhos, seja no bairro, no condomínio, no prédio... e procure ver alguém que esteja "abandonado". Vá ao encontro dessa pessoa e lhe dê um pouco de atenção. Se Deus cuida de nós, por que não nos aproximamos melhor dos outros?*

Cântico *(à escolha)*

6º Dia
O tempo do silêncio

Cântico *(à escolha)*

INVOCAÇÃO DO ESPÍRITO SANTO

– O Senhor nos oferece seu amor e não se cansa de oferecê-lo. Ele é amor eterno, sem-fim, gerador da vida e da paz. Façamos o sinal da cruz.

– Em nome do Pai † e do Filho e do Espírito Santo. Amém!

– Senhor Deus, vós escolhestes Belém, a Casa do Pão, para que desse lugar vosso amor se irradiasse pelo mundo inteiro.

– Vosso amor, Senhor, é vida em nossa vida. Sem ele não podemos viver!

– Guiai-nos na luz de vosso Espírito Santo, para que sejam dissipadas as trevas de nossos egoísmos.

– Fortalecei-nos na fé, na caridade e na fraternidade, na partilha da vida e dos dons!

– Com que podemos comparar o amor de Deus por nós? Ele em nada se compara, pois ele é a realização da vida, da liberdade e da salvação.

– Vós nos alegrais na certeza de vosso amor encarnado entre nós, Jesus, vosso Filho! Amém!

– Glória seja ao Pai,

– ao Filho e ao Amor também,

– que é um só Deus em Pessoas três,
– **agora e sempre, e sem-fim. Amém!**

Antífona: Felizes os que fazem de seu tempo uma oferta de gratidão e de serviço aos irmãos. Serão como a árvore à beira de um rio, sempre verdejante e com muitos frutos!

PALAVRA DE DEUS – Ele é a Verdade
– Depois do encontro de Jesus no Templo de Jerusalém, permanece grande silêncio sobre a vida de Jesus. Mas não é um silêncio pelo silêncio, pois assim o Cristo se preparava para sua grande missão. Podemos imaginar quão grande foi a presença de Maria, que o ajudava a assumir com grande ardor o anúncio do Reino. Só é mesmo possível compreender o que Deus espera de nós, se houver silêncio em nosso coração. Quando há muito barulho dentro de nós, é preciso "nos purificarmos" para poder ouvir o Senhor falar. Em silêncio, Jesus fez um grande retiro, e foi lá em Nazaré, junto de Maria e de José.

Cântico *(acolhendo a Palavra)*

PROCLAMAÇÃO DA PALAVRA *(Lc 2,47-52)*
– [47]Todos os que o ouviam estavam maravilhados com sua sabedoria e com suas respostas. [48]Quando seus pais o viram, ficaram muito emocionados. E sua mãe lhe perguntou: "Filho, por que fizeste isso conosco? Teu pai e eu te procurávamos, cheios de aflição..." [49]Jesus respondeu-lhes:

– "Por que me procuráveis? Não sabíeis que devo estar naquilo que é de meu Pai?" [50]Mas eles não compreenderam o que lhes dizia.

– [51]Desceu com eles e foi para Nazaré, e lhes era submisso. Sua mãe conservava todas estas recordações em seu coração. [52]Jesus ia crescendo em sabedoria, estatura e graça diante de Deus e dos homens.

– Palavra da Salvação.

– **Glória a vós, Senhor.**

CONDUZIDOS PELA PALAVRA – Ele é o Caminho

Deus nos fala no silêncio. Foi assim no dia da Criação e em Pentecostes. Deus na iniciativa de seu amor criou o Céu e a Terra, todos os seres vivos, tudo o que existe. No silêncio de seu coração divino repartia sua vida em todas as coisas criadas. Pentecostes, o dia da nova criação, o Espírito Santo veio sobre Maria e os Apóstolos reunidos no cenáculo, na calmaria, no silêncio. Assim o silêncio significa encontro com Deus, com seu amor. É encontro com a vida. Por isso o silêncio na vida de Cristo, dos doze aos trinta anos, não significa desencontro, mas exatamente encontro de Jesus com o Pai. Viveu em sua intimidade, firmou sua fidelidade, compreendeu sua missão e só depois saiu, desde o Jordão, para anunciar a Boa-Nova.

CONTEMPLAR A ESPERANÇA – Ele é a Vida

"A paz que você procura está no silêncio que você não faz!" É verdade, há muito barulho no mundo: injustiças,

guerras, violência, maldade e tantas discórdias. Mesmo diante de atitudes que não constroem a vida, Deus continua nos amando, pois é sem-fim sua misericórdia. Por isso o que nos ensina o Evangelho é verdade para ser vivida por nós: Jesus "crescia em sabedoria, estatura e graça diante de Deus e dos homens". Vi uma mãe que nas horas de desencontros entre seus filhos, que eram vários, ela permanecia em silêncio. E depois que as coisas se acalmavam, conversava com cada um e tudo tomava um novo rumo. Perguntada sobre qual deles ela amava mais, respondeu: "O ausente até que volte, o doente até que sare, o dividido até que se reconcilie...".

Antífona: Bem-aventurados os que guardam silêncio em seu coração, pois saberão distinguir o tempo certo de dizer e de se calar!

OLHAR O HORIZONTE
O que vamos fazer juntos para alcançar a paz? A paz é possível, se a assumirmos como nossa causa. Se acreditamos, de fato, que o Cristo é nossa paz, então podemos torná-la viva e presente entre nós. Comece por você, por sua família. Assim a paz se estenderá para o mundo.

INVOCAÇÃO DA BÊNÇÃO – ABRAÇO DA PAZ
– Meditar no silêncio de Cristo, no tempo em que Ele viveu em Nazaré, é importante para nós, pois descobriremos o que Deus espera que façamos a favor do Reino. Desejosos de cumprir o desígnio divino sobre nós, vamos rezar:

– **Pai Nosso...**
– **Ave, Maria, cheia de graça...**
– O Senhor derrame sobre nós sua paz.
– **Amém!**
– Fortaleça nossa fé e nossa esperança.
– **Amém!**
– Abra nosso coração para acolher Jesus.
– **Amém!**
– Derrame sobre nós sua bênção.
– **Em nome do Pai † e do Filho e do Espírito Santo. Amém!**
– O Senhor coloque sobre nós suas mãos e nos dê sua paz. Ilumine com sua luz divina nosso coração frágil e pecador e nos conduza à vida. Tome cada um de nós na palma de sua mão e nos conduza no caminho de seu amor em direção à eternidade. Agradecidos, vamos em paz.
– **Graças a Deus!**

Gesto de Caridade: *São muitas as ocasiões que temos para praticar a misericórdia. Fique atento para que você perceba o que poderá fazer de bem e de bom para os irmãos e irmãs.*

Cântico *(à escolha)*

7º Dia
Os pobres são os primeiros

Cântico *(à escolha)*

INVOCAÇÃO DO ESPÍRITO SANTO

– Bendito seja o Senhor, que nos revelou seu amor sem-fim, em seu Filho Jesus Cristo. A Estrela de Belém que um dia brilhou jamais deixará de brilhar, pois seu desejo será sempre o de dissipar as trevas. Façamos o sinal da vida, da esperança, da salvação: o sinal da cruz.

– Em nome do Pai † e do Filho e do Espírito Santo. Amém!

– Bendita seja a misericórdia do Senhor, que nos resgata para a vida e refaz nossa dignidade filial.

– Renovai-nos, Senhor, e fazei-nos instrumentos de vosso Reino!

– Enviai vosso Espírito Santo, e a vida torne-se abundante no meio da humanidade.

– Conduzi-nos sob a luz de vosso Espírito Santo, e vosso povo alcance a paz e a concórdia!

– A luz do amor, que conduziu os Pastores até Belém e os levou até o presépio, reflita sobre nós vossa bondade e vossa beleza sem-fim.

– Fazei-nos cantar, como os Anjos do céu, vossos louvores! Amém!

– Demos glória a Deus Pai onipotente
– e a seu Filho, Jesus Cristo, Senhor nosso,
– e ao Espírito que habita em nosso peito
– pelos séculos dos séculos. Amém!

Antífona: Felizes os que se deixam conduzir, no tempo e na história, pela luz de Belém, pois encontrarão o Senhor, que liberta e oferece a plenitude da vida.

PALAVRA DE DEUS – Ele é a Verdade
– Os Pastores, homens pobres e lutadores na labuta da vida, chegaram a Belém, à Casa do Pão. Jesus está na periferia, pois não encontrou acolhida, nem aqui, nem ali, em nenhum lugar ou coração. Vieram de longe e encontraram o Menino Deus, pois os de perto já o haviam rejeitado. No instante de seu nascimento já prefigurava a rejeição de sua Palavra, que liberta e dá a vida, mas os pobres, os Pastores, só queriam encontrá-lo. Perdura pelos séculos sem-fim a mesma verdade: os simples e os humildes encontram muito depressa o Cristo, nossa vida e redenção.

Cântico *(acolhendo a Palavra)*

PROCLAMAÇÃO DA PALAVRA *(Lc 2,8-20)*
– [8]Havia na mesma região pastores que estavam nos campos e guardavam seu rebanho no decorrer da noite. [9]Apresentou-se junto deles um anjo do Senhor, e a glória do Senhor os envolveu de luz; ficaram com muito medo, [10]mas o anjo lhes disse:

– "Não tenhais medo, pois vos anuncio uma grande alegria, que será para todo o povo: [11]Hoje, na cidade de Davi, nasceu para vós um Salvador, que é o Cristo Senhor. [12]Isto vos servirá de sinal: encontrareis um menino envolto em faixas e deitado num presépio".

– [13]No mesmo instante, juntou-se ao anjo grande multidão do exército celeste, louvando a Deus e dizendo:

– [14]"Glória a Deus nas alturas e paz na terra aos homens por ele amados".

– [15]Quando os anjos os deixaram, voltando para o céu, os pastores disseram entre si:

– "Vamos até Belém, para ver o que aconteceu e que o Senhor nos deu a conhecer".

– [16]Os pastores foram depressa e encontraram Maria, José e o menino deitado no presépio. [17]Quando o viram, contaram o que lhes fora dito a respeito daquele menino. [18]E todos os que ouviam se admiravam das coisas que lhes diziam os pastores.

– [19]Maria, porém, conservava todas estas recordações, meditando-as em seu coração.

– [20]Depois, os pastores voltaram glorificando e louvando a Deus por tudo o que tinham ouvido e visto, conforme o que lhes fora dito.

– Palavra da Salvação.

– Glória a vós, Senhor.

CONDUZIDOS PELA PALAVRA – Ele é o Caminho

Assim diz *Angelus Silesius*: "Ah, que alegria! Deus se faz homem e também já nasceu! Onde? Em mim: Ele me escolheu como sua mãe. Como pode acontecer? Minha alma é Maria, a manjedoura o meu coração e o meu corpo a gruta. A nova justiça são as faixas e os panos". O mundo precisa de poetas e de poesias, de cantores e de melodias. Poetas que saibam retratar a agonia dos pobres e sofredores, amenizando a dor na suavidade da palavra. De cantores cheios de esperança, que saibam interpretar a vida em seu tempo e em sua história. Precisamos de mais fé, para compreender que Deus continua a História da Salvação, por meio dos pobres, que sabem acolher e doar-se, que fazem de seu coração Belém, a Casa do Pão.

CONTEMPLAR A ESPERANÇA – Ele é a Vida

O Pão, como Belém é a Casa do Pão, lembra-nos da partilha, da paz, da doação. Partilhar o pão é partilhar a vida, como o próprio trigo que, dourado e belo, se deixou colher e ser triturado, para mudar da cor do ouro para a branca como a neve, e se tornar pão. Uma criança clamou: "Moço, uma moedinha para eu comprar pão para mim e meu irmão!" O moço parou e com a criança começou a conversar. Ela falou um pouco de sua história, de sua família, e da luta dura de sua vida. Não tem roupa digna de vestir, nem pode estudar e, como ninguém quer com ela repartir a vida, só lhe resta pedir. Terminada a conversa, o moço foi lhe dar o dinheiro para comprar quantos pães precisasse para matar sua fome e a de seus irmãos. Mas a criança lhe disse: "Não precisa não, seu moço. O que eu queria mesmo era só um pouco de atenção!"

Antífona: Bem-aventurados são os que não só oferecem o pão, mesmo que necessário, e partilham a vida com os irmãos, dando-lhes um pouco de atenção!

OLHAR O HORIZONTE

Dar de comer a quem tem fome é Evangelho, é verdade que clama ao céu. Mas, além do pão, há quem precise de atenção, de uma palavra que lhe fortaleça a esperança. Pense: *Como você poderá ser mais e melhor do que você já é?*

INVOCAÇÃO DA BÊNÇÃO – ABRAÇO DA PAZ

– O Senhor há de tocar em nosso coração, a ponto de deixá-lo inquieto, pois mesmo que faça só o bem o fará perceber o quanto mais ainda poderá fazer. Mesmo que já amemos bastante, ainda há mesas sem pão, e muitos esperando compaixão. Rezemos, para alcançar a graça da conversão:

– Pai Nosso...
– Ave, Maria, cheia de graça...
– O Senhor derrame sobre nós sua paz.
– Amém!
– Fortaleça nossa fé e nossa esperança.
– Amém!
– Abra nosso coração para acolher Jesus.
– Amém!
– Derrame sobre nós sua bênção.
– Em nome do Pai † e do Filho e do Espírito Santo. Amém!

– O Senhor tome nossa mão em suas mãos e nos conduza no caminho da vida. O Senhor toque em nosso coração e dele dissipe todo egoísmo, vaidade e ilusão. O Senhor nos ajude a ter sempre a atitude dos Pastores, que foram ao encontro de Jesus. O Senhor nos guarde em seu amor. Vamos em paz.
– **Graças a Deus!**

Gesto de Caridade: *Na convivência de sua família, em seu trabalho, em sua Comunidade, procure prestar atenção em quem precisa não só de pão, mas de uma palavra de esperança, que lhe seja luz e força em sua labuta.*

Cântico *(à escolha)*

8º Dia
Magnificat: Cântico da vida

Cântico *(à escolha)*

INVOCAÇÃO DO ESPÍRITO SANTO

– Como a terra sedenta espera pela chuva, nós esperamos a misericórdia do Senhor, que nos faz renascer para a vida. Confiemos e façamos o sinal da cruz, pela qual nos veio a redenção.

– Em nome do Pai † e do Filho e do Espírito Santo. Amém!

– Céus e terras, orvalhos e garoas, montes e colinas, homens e mulheres, bendizei ao Senhor.

– Alegremo-nos no Senhor, em seu amor e bondade sem limites!

– Crianças e jovens, adultos e todas as famílias alegrem-se naquele que vem para nos redimir.

– Ele é o Redentor, que por amor preferiu aproximar-se de nós!

– Aquele que nasceu pobre e humilde numa gruta de Belém

– é nosso Salvador, que veio para plantar entre nós o Reino do Céu! Amém!

– Glória seja ao Pai, ao Filho seu também,

– e ao Espírito igualmente, agora e sempre. Amém!

Antífona: Bem-aventurados os que são capazes de cantar em sua vida as maravilhas do Senhor, como fez Maria, na casa de Isabel.

PALAVRA DE DEUS – Ele é a Verdade

– A simplicidade do presépio não diminui em nada a beleza e a grandeza de tudo o que ele é e significa. Basta compreendermos o que fazem os Anjos na noite jubilosa do nascimento do Senhor: Eles não cantaram a dor e o sofrimento, a guerra e a morte, apenas e com todo o ardor exaltaram a paz e aqueles que a promovem. Tudo se completava, pois Maria, na casa de Isabel – ela que partiu de Nazaré para as montanhas de Judá –, fazia o novo êxodo, o do novo povo de Deus, formado por Jesus. Se antes Moisés cantou seu cântico de júbilo e gratidão, Maria canta agora seu Magnificat, exaltando como será o novo Reino que se irá inaugurar.

Cântico *(acolhendo a Palavra)*

PROCLAMAÇÃO DA PALAVRA *(Lc 2,1-46-56)*

– [46]Disse Maria: "Minha alma engrandece o Senhor [47]e meu espírito se alegra em Deus, meu Salvador,

– **[48]porque Ele olhou para sua humilde serva; pois daqui em diante todas as gerações proclamarão que sou feliz!**

– [49]Porque o Todo-Poderoso fez por mim grandes coisas e santo é seu nome.

— ⁵⁰**De geração em geração se estende sua misericórdia sobre aqueles que o temem.**

— ⁵¹Demonstrou o poder de seu braço e dispersou os que pensam com soberba.

— ⁵²**Derrubou os poderosos de seus tronos e elevou os humildes.**

— ⁵³Enriqueceu de bens os famintos e despediu os ricos de mãos vazias.

— ⁵⁴**Socorreu seu servo Israel, lembrando-se de sua misericórdia, ⁵⁵como havia prometido a nossos pais, a Abraão e a seus filhos para sempre".**

— ⁵⁶Maria ficou com Isabel uns três meses e depois voltou para casa.

— Palavra da Salvação.

— **Glória a vós, Senhor.**

CONDUZIDOS PELA PALAVRA – Ele é o Caminho

O Senhor nos emprestou um pouco de tempo para que o vivêssemos aqui e agora. Não somos escravos, pois fomos libertos por Ele, mas há os que adentram "a lei da vantagem" e se acham até um pouco donos do mundo. Há 10% da população brasileira que retém praticamente 50% da renda do Brasil, e os outros 90% dividem a outra metade. Pura iniquidade e injustiça. O Cântico de Maria é profético, pois não aprova a ganância e a exclusão no mundo. Os que ocuparam tronos e se acharam como um deus foram derrubados e esquecidos. Isabel se alegrou, porque reconheceu que Deus não havia se esquecido dos pobres e abandonados. O Cântico de Maria ressoa no meio de nossa história de agora, pois há muitas coisas e atitudes das pessoas que não estão de acordo com a verdade e a profecia do Reino.

CONTEMPLAR A ESPERANÇA – Ele é a Vida

Conversei com uma mãe de muitos filhos. Muitos filhos a seu redor. Conheci sua história: "Todos são meus, mas nem todos são meus". "Mas como? Explique-me". "É possível, além dos da gente, amar os filhos de outros que não tiveram amor". De seus lábios pendia sempre o sorriso. Dificuldades? "Ah! Isso não se conta". A promessa de Deus é a vida: "Socorreu seu servo Israel, lembrando-se de sua misericórdia, como havia prometido a nossos pais, a Abraão e a seus filhos para sempre". É triste a realidade da não partilha. Não é o que Deus quer, nem o que Maria cantou na casa de Isabel. Mas tudo pode mudar, se o projeto de Cristo ocupar em nós seu lugar.

Antífona: Os Anjos se alegram e os Santos vos louvam, Senhor, quando há partilha de vida, e a justiça e a equidade estão bem juntas de nós!

OLHAR O HORIZONTE

Quando não podemos mudar as coisas grandes, começamos pelas pequenas. O oceano é feito de gotas-d'água, mas elas enchem rios, formam mares. Partilhe um pouco mais o que você tem. Talvez há alguma coisa que esteja só ocupando lugar em sua casa, mas está faltando para o irmão ou irmã.

INVOCAÇÃO DA BÊNÇÃO – ABRAÇO DA PAZ
– Não percamos a poesia, o encanto e o gosto de viver. Sempre é hora para recomeçar. Só é preciso aprender a olhar, de modo diferente, as coisas, o mundo, os outros e a mim mesmo. Em qualquer circunstância, podemos contar com a graça de Deus. Por isso, vamos rezar:

– Pai Nosso...
– Ave, Maria, cheia de graça...
– O Senhor derrame sobre nós sua paz.
– Amém!
– Fortaleça nossa fé e nossa esperança.
– Amém!
– Abra nosso coração para acolher Jesus.
– Amém!
– Derrame sobre nós sua bênção.
– Em nome do Pai † e do Filho e do Espírito Santo. Amém!
– O Senhor estenda sobre nós suas mãos divinas e nos proteja. Fortaleça nossa esperança e nos dê a graça de seu amor transformador. O Senhor esteja dia e noite a nosso lado como um grande amigo e nos proteja, ilumine--nos e nos guarde. Vamos em paz.
– Graças a Deus!

Gesto de Caridade: *Veja alguma necessidade de alguém, de alguma família ou da Comunidade, e procure ajudar com o que você pode doar. Pode não ser algum bem material, mas a vida é certo que todos temos para partilhar. Assim fez Jesus.*

Cântico *(à escolha)*

9º Dia
Viver a verdade de Cristo, no tempo e na história

Cântico *(à escolha)*

INVOCAÇÃO DO ESPÍRITO SANTO

— A luz da eternidade aproximou-se de nossa humanidade: Emanuel, Deus conosco. Façamos com toda a nossa fé o sinal da cruz.

— **Em nome do Pai † e do Filho e do Espírito Santo. Amém!**

— Bendito seja o Senhor, nosso Deus e Pai, que nos deu seu Filho Jesus.

— **Nele e com Ele caminhamos para a vida e a salvação!**

— Enviai-nos, Senhor, vosso Santo Espírito, e sua luz nos guie na estrada da vida.

— **É na verdade de Cristo que queremos caminhar!**

— Felizes os que buscam no Senhor o amparo e a proteção e vivem sua verdade no tempo e na história.

— **Esses jamais vacilarão, pois reconhecem o quanto o Senhor os ama! Amém!**

— Demos glória a Deus Pai onipotente

— **e a seu Filho, Jesus Cristo, Senhor nosso,**

— e ao Espírito que habita em nosso peito

— **pelos séculos dos séculos. Amém!**

Antífona: Benditos sejam os que buscam o diálogo para resolver os conflitos, e não têm medo de perder por causa do Reino, e estão sempre prontos para perdoar!

PALAVRA DE DEUS – Ele é a Verdade

– É bela e contagiante a página do Evangelho que nos fala da exaltação de Cristo, ao glorificar o Pai por ter escolhido os pequenos, os pobres e os humildes. É a verdade do Magnificat proclamado por Maria, que agora se realiza em Jesus, o Filho amado. Feliz é quem se deixa contagiar pela palavra de Jesus, que eleva os humildes e interroga os soberbos em suas atitudes. O papa Bento XVI já nos lembrou, em uma oportuna ocasião: "O sinal de Deus é a simplicidade. O sinal de Deus é o menino. O sinal de Deus é que Ele faz-se pequeno por nós. Esse é seu modo de reinar. Ele não vem com poder e grandiosidade externos. Ele vem como menino-indefeso e necessitado de nossa ajuda... Ele pede nosso amor: por isso se faz menino..." Ele é o Senhor do tempo e da história.

Cântico *(acolhendo a Palavra)*

PROCLAMAÇÃO DA PALAVRA *(Lc 10,21-22)*

– [21]Naquele momento, exultou Jesus de alegria no Espírito Santo e disse:

– **"Eu vos bendigo, ó Pai, Senhor do céu e da terra, porque estas coisas que escondestes aos sábios e entendidos, vós as revelastes à gente simples. Sim, Pai, porque assim foi de vosso agrado.**

– ²²O Pai me entregou todas as coisas, e ninguém conhece quem é o Filho senão o Pai, nem quem é o Pai, senão o Filho e aquele a quem o Filho o quiser revelar".
– Palavra da Salvação.
– **Glória a vós, Senhor.**

CONDUZIDOS PELA PALAVRA – Ele é o Caminho

Cristo tocou o coração do povo, principalmente o dos humildes. Convidou-os de coração sincero para participar de sua misericórdia. Tocou no leproso e o libertou, estendeu as mãos e perdoou o pecador, fez ressoar o convite aos primeiros chamados e lhes apontou a direção que deviam seguir, tomou nas mãos o pão e repartiu: "*Isto é meu Corpo*". Abençoou a multidão e chamou de bem-aventurados os pobres, os misericordiosos, os simples, os perseguidos, os famintos, os que trabalham em favor da justiça e da solidariedade ... Quanto ainda temos por fazer, para continuar a história que Ele começou e nos encarregou de ser seus colaboradores. Quantos passos ainda devemos dar para assumir nossa missão. Sua verdade não morre, passe o tempo, passe a história.

CONTEMPLANDO A ESPERANÇA – Ele é a Vida

O mendigo, de cabelos encaracolados, estava sentado na calçada. Parecia estar muito confortável. À sua volta havia sacos plásticos, roupas surradas e sujas. Lia muito atento um jornal. Estava atento à sua leitura. O jornal lhe comunicava alguma coisa, talvez um pouco de esperança. Não se preocupava com ninguém. E continuava absorto em sua leitura.

Deus quer que nós façamos também uma leitura dos fatos que nos cercam. Pensei: "Ele também é um filho de Deus". Deus queria dizer-me: "Se você pensou nele como meu filho, eu lhe digo que ele é seu irmão". Ter um mendigo como meu irmão? Mas também nada fiz. Apenas ficou dentro de mim a imagem daquele mendigo lendo o jornal. Com certeza, ninguém escolhe ser mendigo e viver na rua dia e noite, anos a fio ou a vida inteira. O que você acha disso?

Antífona: Felizes os que vão ao encontro dos pobres e junto deles se fazem irmãos, ajudando-os a resgatar a vida e a dignidade!

OLHAR O HORIZONTE
Ajude sua Comunidade a se organizar na prática da caridade e no acolhimento das pessoas. Ajude-a a entender o Evangelho e os fatos da vida.

INVOCAÇÃO DA BÊNÇÃO – ABRAÇO DA PAZ
– Elevemos ao Senhor nosso agradecimento sincero. Todos os dias sentimos sua presença amorosa junto de nós. Feliz quem está atento aos fatos e acontecimentos, pois descobre neles a vontade do Senhor. Cumprir a vontade do Senhor é ter na vida a mesma atitude de Maria. Para que vivamos na graça divina, rezemos:
– **Pai Nosso...**
– **Ave, Maria, cheia de graça...**
– O Senhor derrame sobre nós sua paz.

– **Amém!**
– Fortaleça nossa fé e nossa esperança.
– **Amém!**
– Abra nosso coração para acolher Jesus.
– **Amém!**
– Derrame sobre nós sua bênção.
– **Em nome do Pai † e do Filho e do Espírito Santo. Amém!**
– Continuemos unidos na fraternidade e, pela vida afora, proclamemos a bondade do Senhor. Façamos o esforço necessário para que, em cada dia, encontremos o alento de que precisamos e sejamos conduzidos no Espírito de Cristo. Continuemos na mesma fé e na mesma esperança, na vida fraterna e na união.
– **Graças a Deus!**

Gesto de Caridade: *Procure participar intensamente de sua Comunidade, ajudando-a a viver sua caminhada da fé, tornando-se sinal da presença do Reino no mundo: "Onde dois ou três estiverem reunidos em meu nome eu estou ali, no meio deles" (Mt 18,20).*

Cântico *(à escolha)*

Cânticos

EIS-ME AQUI, SENHOR
Eis-me aqui, Senhor! Eis-me aqui, Senhor! Pra fazer tua vontade, pra viver no teu amor, *(bis)* **eis-me aqui, Senhor!**

1. O Senhor é o pastor que me conduz, por caminho nunca visto me enviou. Sou chamado a ser fermento, sal e luz. E, por isso, respondi: aqui estou!

2. Ponho a minha confiança no Senhor. Da esperança sou chamado a ser sinal. Seu ouvido se inclinou a meu clamor. E, por isso, respondi: aqui estou!

PÕE A SEMENTE
1. Toda semente é um anseio de frutificar, e todo fruto é uma forma de a gente se dar.

Põe a semente na terra, não será em vão... Não te preocupe a colheita, plantas para o irmão... *(bis)*

2. Toda a palavra é um anseio de comunicar, e toda fala é uma forma de a gente se dar.

A TI, MEU DEUS
1. A Ti, meu Deus, elevo o meu coração, elevo as minhas mãos, meu olhar, minha voz. A Ti, meu Deus, eu quero oferecer meus passos e meu viver, meus caminhos, meu sofrer.

A tua ternura, Senhor, vem me abraçar, e a tua bondade infinita me perdoar. Vou ser o teu seguidor e te dar o meu coração, eu quero sentir o calor de tuas mãos.

2. A Ti, meu Deus, que és bom e que tens amor, ao pobre e ao sofredor vou servir e esperar. Em Ti, Senhor, humildes se alegrarão, cantando a nova canção de esperança e de paz.

VEM, ESPÍRITO SANTO
Vem, Espírito Santo, vem, vem iluminar.
1. Nossos caminhos, vem iluminar. Nossas ideias, vem iluminar.

Nossas angústias, vem iluminar. As incertezas, vem iluminar.

2. Toda a Igreja, vem iluminar. A nossa vida, vem iluminar.

Nossas famílias, vem iluminar. Toda a terra, vem iluminar.

BUSCAI PRIMEIRO
1. Buscai primeiro o reino de Deus e a sua justiça. E tudo mais vos será acrescentado. Aleluia, Aleluia!
2. Nem só de pão o homem viverá, mas de toda palavra, que procede da boca de Deus. Aleluia, Aleluia!
3. Se vos perseguem por causa de mim, não esqueçais o porquê; não é o servo maior que o Senhor. Aleluia, Aleluia!

VÓS SOIS O CAMINHO
Vós sois o caminho, a verdade e a vida, o pão da alegria descido do céu.

1. Nós somos caminheiros que marcham para os céus; Jesus é o caminho que nos conduz a Deus.

2. Da noite da mentira, das trevas para a luz, busquemos a verdade, verdade é só Jesus.

3. Pecar é não ter vida, pecar é não ter luz; tem vida só quem segue os passos de Jesus.

4. Jesus, verdade e vida, caminho que conduz as almas peregrinas que marcham para a luz.

PROVA DE AMOR

Prova de amor maior não há que doar a vida pelo irmão.

1. Eis que eu vos dou o meu novo mandamento: "Amai-vos uns aos outros como eu vos tenho amado".

2. Vós sereis os meus amigos se seguirdes meu preceito: "Amai-vos uns aos outros como eu vos tenho amado".

3. Como o Pai sempre me ama assim também eu vos amei: "Amai-vos uns aos outros como eu vos tenho amado".

4. Permanecei em meu amor e segui meu mandamento: "Amai-vos uns aos outros como eu vos tenho amado".

5. E, chegando a minha Páscoa, vos amei até o fim: "Amai-vos uns aos outros como eu vos tenho amado".

TE AMAREI, SENHOR!

1. Me chamaste para caminhar na vida contigo. Decidi para sempre seguir-te, não voltar atrás. Me puseste uma brasa no peito e uma flecha na alma. É difícil agora viver sem lembrar-me de ti!

Te amarei, Senhor! Te amarei, Senhor! Eu só encontro a paz e a alegria bem perto de ti! *(bis)*

2. Eu pensei muitas vezes calar e não dar nem respostas; eu pensei na fuga esconder-me, ir longe de ti. Mas tua força venceu e ao final eu fiquei seduzido. É difícil agora viver sem saudades de ti!

3. Ó Jesus, não me deixes jamais caminhar solitário, pois conheces a minha fraqueza e o meu coração. Vem, ensina-me a viver a vida na tua presença, no amor dos irmãos, na alegria, na paz, na união!

A BARCA

1. Tu te abeiraste da praia; não buscaste nem sábios nem ricos, somente queres que eu te siga.

Senhor, tu me olhaste nos olhos. A sorrir, pronunciaste meu nome. Lá na praia, eu larguei o meu barco, junto a ti buscarei outro mar...

2. Tu sabes bem que em meu barco eu não tenho nem ouro nem espadas, somente redes e o meu trabalho.

3. Tu minhas mãos solicitas, meu cansaço que a outros descanse, amor que almeja seguir amando.

4. Tu, pescador de outros lagos, ânsia eterna de almas que esperam, bondoso amigo que assim me chamas.

ESTOU PENSANDO EM DEUS

Estou pensando em Deus, estou pensando no amor. *(bis)*

1. Os homens fogem do amor e, depois que se esvaziam, no vazio se angustiam e duvidam de você. Você chega perto deles, mesmo assim ninguém tem fé.

2. Eu me angustio quando vejo que, depois de dois mil anos, entre tantos desenganos, poucos vivem sua fé. Muitos falam de esperança, mas se esquecem de você.

3. Tudo podia ser melhor, se meu povo procurasse, nos caminhos onde andasse, pensar mais no seu Senhor. Mas você fica esquecido e, por isso, falta amor.

4. Tudo seria bem melhor, se o Natal não fosse um dia, e se as mães fossem Maria, e se os pais fossem José, e se a gente parecesse com Jesus de Nazaré.

VIVA A MÃE DE DEUS E NOSSA

Viva a Mãe de Deus e nossa, sem pecado concebida. Viva a Virgem Imaculada, a senhora Aparecida!

1. Aqui estão vossos devotos, cheios de fé incendida, de conforto e de esperança, ó Senhora Aparecida.

2. Protegei a Santa Igreja, Mãe terna e compadecida. Protegei a nossa Pátria, ó senhora Aparecida.

3. Oh! Velai por nossos lares, pela infância desvalida, pelo povo brasileiro, ó senhora Aparecida.

VIRGEM, TE SAUDAMOS

1. Virgem, te saudamos, vem nos amparar. Nós te suplicamos, vem nos amparar.

Ó Maria, Mãe de Deus, vem salvar os filhos teus.

2. Em qualquer perigo, vem nos amparar. Dá-nos teu abrigo, vem nos amparar.

3. Cheia de bondade, vem nos amparar. Salva a humanidade, vem nos amparar.

4. Quando o mal nos tenta, vem nos amparar. Nosso amor alenta, vem nos amparar.

5. Em todos os dias, vem nos amparar. Dá-nos alegria, vem nos amparar.

MARIA DE NAZARÉ

Maria de Nazaré, Maria me cativou. Fez mais forte a minha fé e por filho me adotou. Às vezes eu paro e fico a pensar e, sem perceber, me vejo a rezar, o meu coração se põe a cantar pra Virgem de Nazaré. Menina que Deus amou e escolheu pra Mãe de Jesus, o Filho de Deus. Maria que o povo inteiro elegeu, Senhora e Mãe do Céu.

Ave, Maria...

Maria que eu quero bem, Maria do puro amor. Igual a você ninguém, Mãe pura do meu Senhor. Em cada mulher que a terra criou, um traço de Deus Maria deixou, um sonho de mãe Maria plantou, pro mundo encontrar a paz. Maria, que fez o Cristo falar; Maria, que fez Jesus caminhar; Maria, que só viveu pra seu Deus; Maria do povo meu.

Ave, Maria...

PELAS ESTRADAS DA VIDA

1. Pelas estradas da vida, nunca sozinho estás. Contigo pelo caminho Santa Maria vai.

Ó vem conosco, vem caminhar, Santa Maria, vem. *(bis)*

2. Se pelo mundo os homens sem conhecer-se vão. Não negues nunca a tua mão, a quem te encontrar.

3. Mesmo que digam os homens "Tu nada podes mudar", luta por um mundo novo, de unidade e paz.

4. Se parecer tua vida inútil caminhar, lembra que abres caminho, outros te seguirão.

IMACULADA

Imaculada, Maria de Deus, coração pobre acolhendo Jesus. Imaculada, Maria do povo, Mãe dos aflitos que estão junto à cruz!

1. Um coração que era "sim" para a vida, um coração que era "sim" para o irmão, um coração que era "sim" para Deus; Reino de Deus renovando este chão.

2. Olhos abertos pra sede do povo, passo bem firme que o medo desterra, mãos estendidas que os tronos renegam; Reino de Deus que renova esta terra.

3. Faça-se, ó Pai, vossa plena vontade, que os nossos passos se tornem memória do amor fiel que Maria gerou; Reino de Deus atuando na História.

Índice

Apresentando | 5

1º dia
O mistério da encarnação **| 7**

2º dia
A visita a Isabel **| 12**

3º dia
O nascimento em Belém **| 17**

4º dia
A apresentação no templo **| 23**

5º dia
A perda e o encontro no templo **| 29**

6º dia
O tempo do silêncio **| 34**

7º dia
Os pobres são os primeiros **| 39**

8º dia
Magnificat: Cântico da vida **| 45**

9º dia
Viver a verdade de Cristo, no tempo e na história **| 50**

Cânticos | 55